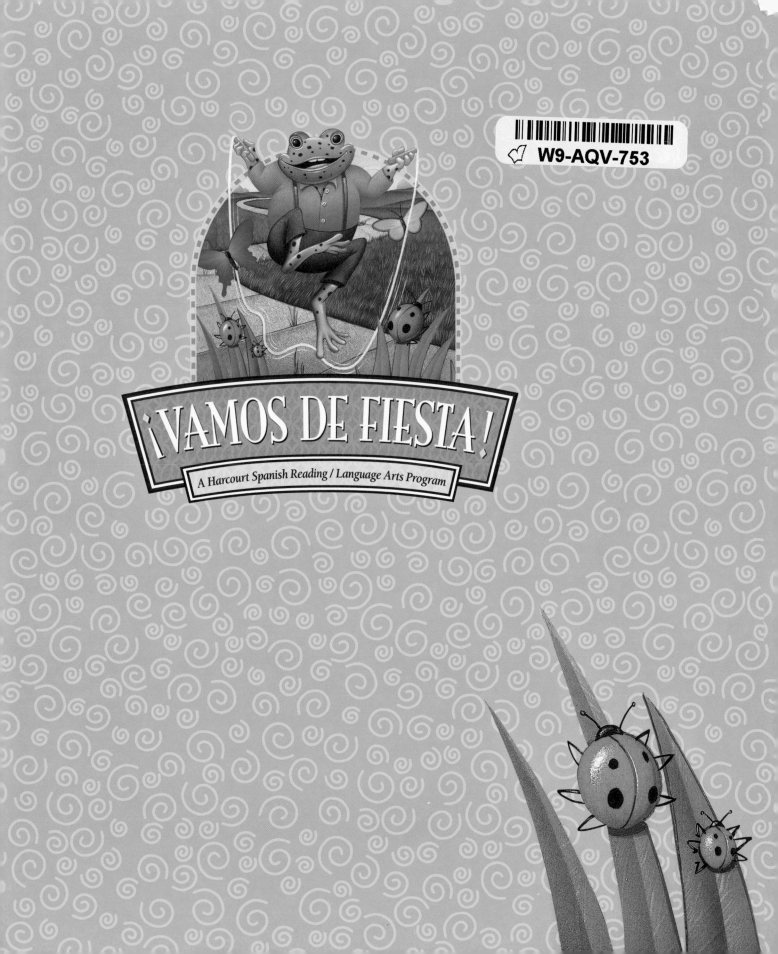

# ¡VAMOS DE FIESTA!

A Harcourt Spanish Reading / Language Arts Program

# ¡VAMOS DE FIESTA!

*A Harcourt Spanish Reading / Language Arts Program*

## JUEGOS Y FIESTAS

AUTORES

Alma Flor Ada • F. Isabel Campoy • Juan S. Solis

CONSULTORA

Angelina Olivares

**Harcourt**

Orlando   Boston   Dallas   Chicago   San Diego

Visita *The Learning Site*

**www.harcourtschool.com**

# Juegos y fiestas

**Querido lector,**

**Juegos y fiestas** es un libro sobre todos aquellos que son especiales para nosotros: nuestras familias, nuestras mascotas, amigos y vecinos. Aquí leerás cuentos sobre familias y vecinos que se ayudan unos a otros. Aprenderás cómo encontrar tu casa en un mapa. Esperamos que compartas estas historias con alguien con quien te gustaría disfrutar de juegos y fiestas.

Atentamente,

*Los Autores*

Los Autores

# Hola, vecino

# Contenido

# Hola, vecino

## La margarita friolenta

escrito por
*Fernanda López de Almeida*

Una margarita que vive al aire libre
se queja y tiembla de frío.

**DE LA COLECCIÓN**

# El gato de las mil narices

*escrito por*
*Margarita Robleda Moguel*

Una niñita se confunde cuando quiere recitar un poema.

**DE LA COLECCIÓN**

# Clifford, el gran perro colorado

*escrito e ilustrado por*
*Norman Bridwell*

Clifford, el gran perrazo rojo, es más grande que una casa y cariñoso como un gato.

**DE LA COLECCIÓN**

9

# Así vamos a la escuela

**Edith Baer**

**Versión en español de Aída E. Marcuse**

**Ilustrado por Steve Björkman**

De uno en uno, o en grupo jubilante
nos vamos a la escuela en este mismo instante.

# Jenny, Jerry, Pete y Marco

toman un barco en Staten Island.

¡Qué divertido es el tranvía
que toman Pablo y María

para ir a la escuela todos los días!

En Philadelphia, Luis y Luz
¡siempre toman el trolebús!

En bicicleta, Mei y Ling
cruzan el tráfico de Nanjing.

Carlos cruza el pueblo en tres zancadas,

pero Lucía prefiere ir por la campiña dorada.

Aviva salta a la cuerda, no corre ni vuela
pues vive a un paso de su escuela.

Kay y Fay, Flo y Arcadio
asisten a la escuela por radio.

¿Ir en helicóptero?

¿O en trineo?
¡Hay niños que los toman sin titubeo!

¡Ven con nosotros, ya! ¡Te esperamos allá!

# PIÉNSALO

1. ¿Cómo vas tú a la escuela?

2. ¿Cuáles lugares del mundo menciona este cuento?

3. ¿Piensas que ésta es una historia imaginaria? ¿Por qué?

25

## Conozcamos a la autora

# EDITH BAER

Edith Baer estudió para ser bibliotecaria en la Universidad de Rutgers en New Jersey. Ella escribió varios libros infantiles. En la actualidad, Edith Baer enseña a escribir en el norte de New Jersey, donde vive junto a su esposo y sus dos hijos.

## Conozcamos al ilustrador

# STEVE BJÖRKMAN

Steve Björkman trabaja en publicidad y le gusta diseñar tarjetas de felicitaciones. Steve Björkman ha ilustrado muchos libros infantiles. Vive con su esposa y sus tres hijos en Irvine, California.

# Canción de todos

## Alma Flor Ada

Cuando aquí es de noche,
para ti amanece.
Vivimos muy lejos,
¿no te parece?

Cuando allí es verano,
aquí usan abrigos.
Si estamos tan lejos,
¿seremos amigos?

28

# los niños del mundo

Yo no hablo tu idioma,
tú no hablas el mío.
Pero tú te ríes
cuando yo me río.

Estudias, estudio,
aprendo y aprendes.
Sueñas y yo sueño,
sé que me comprendes.

Vivimos muy lejos,
no estamos cercanos.
Pero yo te digo
que somos hermanos.

TALLER DE ACTIVIDADES

# EL VIAJE A LA ESCUELA

ESCUELA

En este cuento, los personajes van a la escuela de muchas maneras. ¿Cómo vienen a la escuela la mayoría de tus compañeros?

¡Averigua cuál es la manera más común de ir a la escuela en tu clase!

30

# Dibuja un cuadro como éste.

| | |
|---|---|
| **Caminando** | |
| **En carro** | |
| **En tren** | |
| **En bicicleta** | |
| **En autobús** | |

Pregunta a tus compañeros cómo vienen a la escuela y coloca una marca en la columna correspondiente. Al terminar, cuenta las marcas. La columna con más marcas es la manera en que la mayoría de tus compañeros viene a la escuela.

# YO EN EL MAPA

Joan Sweeney
ilustrado por
Annette Cable

Ésta soy yo.
Ésta soy yo en mi cuarto.

Éste es un mapa de mi cuarto.

Ésta soy yo en el mapa de mi cuarto.

Ésta es mi casa.

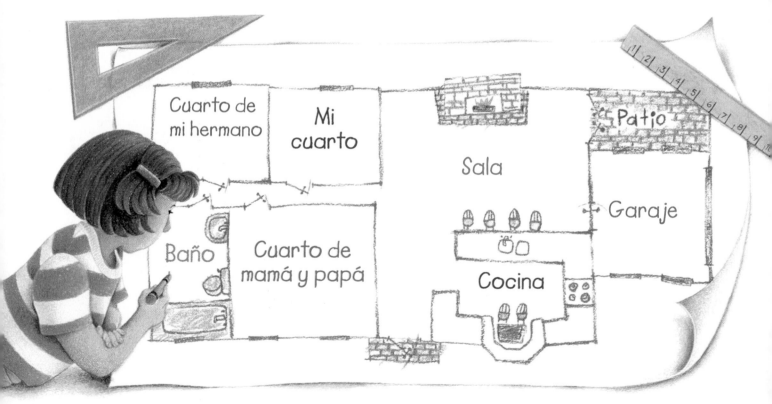

Éste es un mapa de mi casa.
Éste es mi cuarto en el mapa de mi casa.

Ésta es mi calle.

Éste es un mapa de mi calle.
Ésta es mi casa en el mapa de mi calle.

Ésta es mi ciudad.

Éste es un mapa de mi ciudad.

Ésta es mi calle en el mapa de mi ciudad.

Éste es mi estado.

Éste es un mapa de mi estado.

Ésta es mi ciudad en el mapa de mi estado.

Éste es mi país: Estados Unidos de América.

Éste es un mapa de mi país.

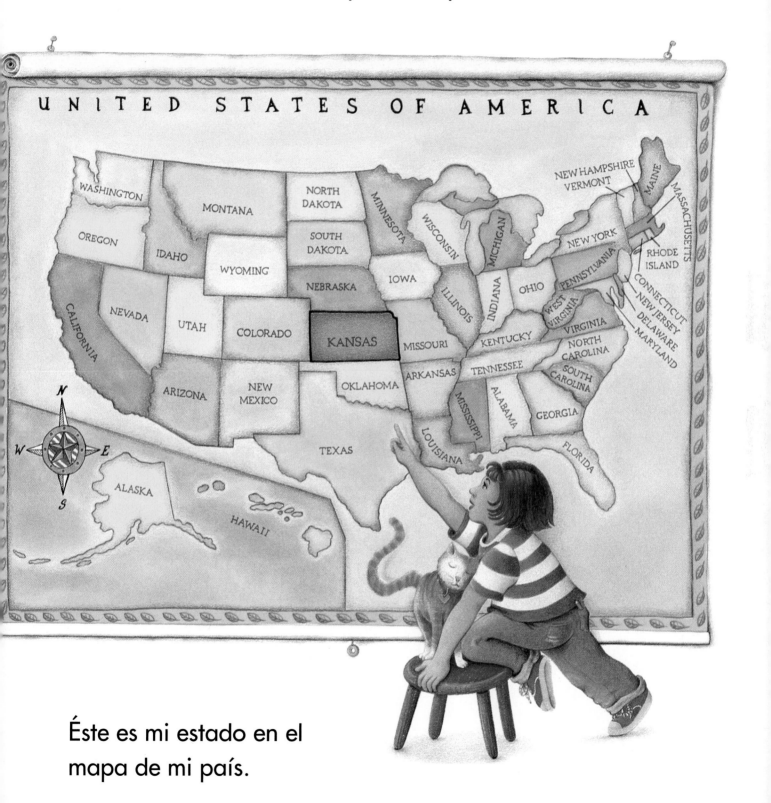

Éste es mi estado en el
mapa de mi país.

Éste es mi planeta. Se llama Tierra.
Parece una bola gigante.
Si pudieras desplegar el planeta
sobre una superficie plana . . .

. . . la Tierra se vería así, como este mapa.

OUR WORLD

NORTH
AMERICA

EUROPE

ASIA

AFRICA

SOUTH
AMERICA

AUSTRALIA

ANTARCTICA

Éste es mi país en el mapa del mundo.

Y esto es lo que hago para encontrar en el mapa el lugar donde vivo. Primero miro el mapa del mundo y busco mi país.

OUR WORLD

NORTH AMERICA

SOUTH AMERICA

EUROPE

ASIA

ANT

AUSTRALIA

Luego, miro el mapa de mi país y busco mi estado.

Luego, miro el mapa de mi estado y busco mi ciudad.

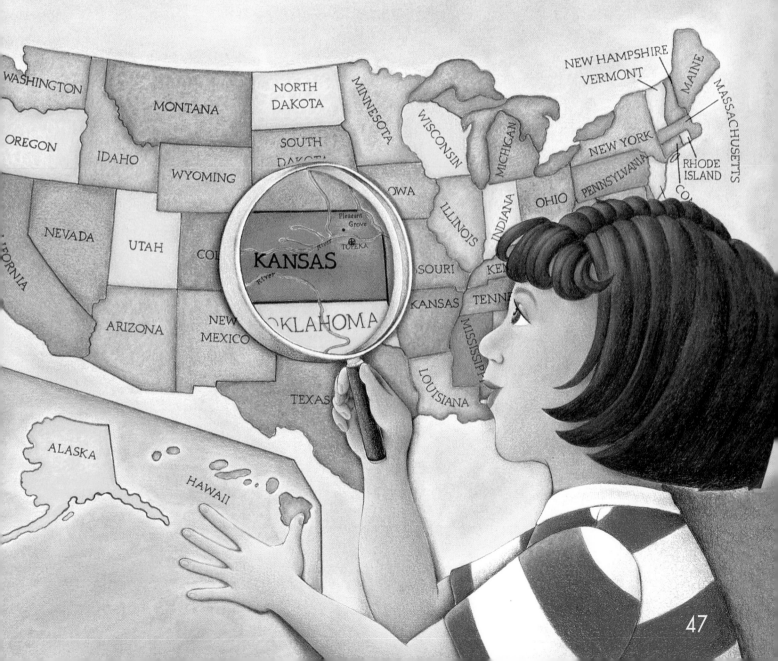

Luego, miro el mapa
de mi ciudad y busco
mi calle.

Y en mi calle busco
mi casa.

48

Y en mi casa busco mi cuarto.
¡Y en mi cuarto estoy yo!
Piensa que . . .

. . . en cuartos, en casas, en calles, en
ciudades, en países de todo el mundo,
cada persona tiene su lugar especial
en el mapa.

Igual que yo.
Igual que yo en el mapa.

# Piénsalo

**1** ¿Ha cambiado tu manera de pensar sobre el lugar donde vives luego de leer el cuento?

**2** ¿Qué has aprendido al leer este cuento?

**3** ¿Qué información te dan los dibujos y las palabras?

Conozcamos a
# la autora y a la ilustradora

# Joan Sweeney

Joan Sweeney escribió *Yo en el mapa* para que los niños sepan qué es un mapa. Ella también ha escrito tres libros más: uno sobre el cuerpo humano, uno acerca del espacio y otro sobre las familias.

 Visita *The Learning Site*
www.harcourtschool.com/reading/spanish

# Annette Cable

Cuando Annette Cable tenía tu edad, se expresaba haciendo un dibujo. Para dibujar los mapas de *Yo en el mapa* ella usó mapas verdaderos. Ella dedicó mucho tiempo a dibujar los mapas porque quería que estuvieran perfectos.

53

# ¡Tú en un mapa!

Dibuja el mapa de un lugar que conozcas bien.

PUEDES ELEGIR:

- tu casa • tu cuarto • tu parque favorito
- un lugar donde vayas de compras • la clase
- el parque de juegos

Si puedes, visita el lugar. Observa con atención qué hay allí. Fíjate dónde está cada cosa. Dibuja el mapa. Dibújalo primero con lápiz y después coloréalo.

Muestra el mapa a tus compañeros. Explica por qué elegiste ese lugar.

# El día y la noche

*Yolanda Pantin*

*Ilustrado por Marcela Cabrera*

Ratón y Vampiro se
han puesto a jugar a
las cartas. Ratón
bosteza.

—Tengo sueño —dice.

Mientras Ratón duerme, Vampiro pasea por el bosque.

¡Hace una hermosa noche! La luna brilla en lo alto del cielo.

Vampiro saluda a sus amigos: a los lobos, a las lechuzas de grandes ojos.

—¡Hola a todos! —dice Vampiro.

Un rayo de sol despierta a Ratón.

Ahora es Vampiro quien duerme
profundamente, mientras Ratón
pasea por el bosque.

¡Hace un hermoso día!

Ratón saluda a sus amigos:
a los pájaros,
a los conejos de pálidas narices.

—¡Hola a todos! —dice Ratón.

A la hora de la cena los amigos se reúnen.

Ratón piensa que no conoce la noche y esto lo hace sentirse un poco triste.

—¿Por qué estás triste? —pregunta Vampiro.

—No conozco la noche —dice Ratón—. Me da miedo la oscuridad.

Vampiro piensa que no conoce el día y esto lo hace sentirse un poco triste.

—¿Por qué estás triste? —pregunta Ratón.

—No conozco el día —dice Vampiro—. Me da miedo la luz.

65

Tomados de la mano, Ratón y
Vampiro salen a pasear.

Vampiro le enseña a su amigo los
secretos de la noche, la cálida oscuridad,
la luna brillando en el cielo.

—Es bella la noche —dice Ratón.

Ratón le enseña a su
amigo los secretos del
día, la blanca claridad,
el sol brillando en el cielo.

—Es bello el día
—dice Vampiro.

Desde lo alto de una colina, Ratón y Vampiro contemplan el crepúsculo, la hora en que el día se confunde con la noche y la luz con la oscuridad. Vampiro conoce el día, Ratón conoce la noche y ya no tienen miedo.

# Piénsalo

1. A Ratón le gusta el día y a Vampiro le gusta la noche. ¿Conoces otro animal al que le guste sólo la noche?

2. ¿Qué opinas de los personajes del cuento?

3. ¿Qué ocurre al final del cuento?

### Conozcamos
### a la autora
# Yolanda Pantin

Yolanda Pantin nació en Caracas, Venezuela, en 1954. Estudió literatura y participó en diversos talleres literarios. Yolanda Pantin ha publicado varios libros de poesía y ha recibido importantes premios. *El día y la noche* es su primer libro infantil.

### Conozcamos
### a la ilustradora
# Marcela Cabrera

Marcela Cabrera nació en Colombia y ahora vive en Venezuela, donde estudió en el instituto de Diseño Neumann. Marcela Cabrera también ha ilustrado *El sapo distraído*. A ella le gusta mucho ilustrar libros infantiles.

73

# Noche y día

Los personajes de *El día y la noche* tienen vidas muy diferentes. ¿Qué haces tú durante el día? ¿Y durante la noche?

**1** Dobla una hoja de papel en dos. Escribe *Día* en una mitad y *Noche* en la otra.

**2** Dibuja una de tus actividades favoritas del día en una mitad. Dibuja una de tus actividades favoritas de la noche en la otra mitad.

**Muestra tus dibujos a un compañero y compara los dibujos y las actividades de cada uno.**

Día

Noche

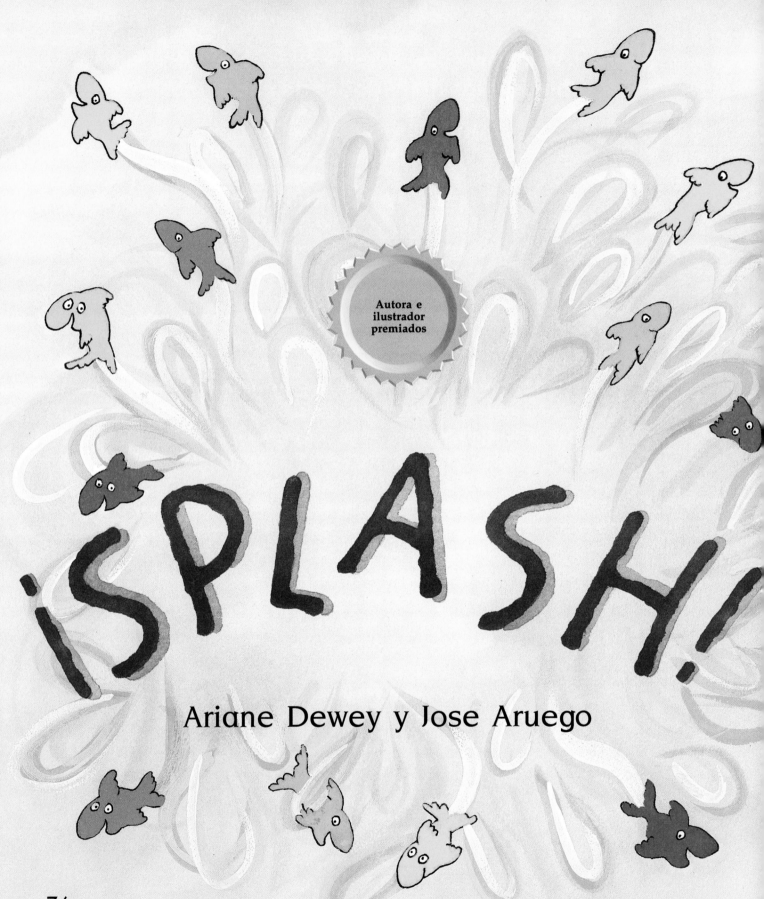

# ¡SPLASH!

Autora e ilustrador premiados

Ariane Dewey y Jose Aruego

—¡Oye, dormilón, despierta! —gritó Nelly.
Sacudió a Sam y le preguntó:
—¿Por qué siempre nos despertamos tan tarde?

—¡No me molestes, Nelly! —gruñó Sam y le dio la espalda.

—Aunque sea una vez, me gustaría llegar a tiempo —dijo Nelly—. ¿Estás despierto?

—No, estoy soñando —contestó Sam.

—Bueno, pues sueña con un pez rico y gordito —dijo Nelly.

Nelly salió corriendo de la cueva. Sam saltó y corrió detrás de ella.

—¿Oyes ese ruido? —preguntó Sam.

—Te apuesto a que son los osos —dijo Nelly—.

Corramos antes de que se acaben los peces.

Corrieron juntos hacia el río.

—No me gusta llegar tarde —dijo Nelly.

El río estaba lleno de osos que atrapaban peces.

—¡Oh, no! —se quejaron los osos—. Allí vienen
Sam y Nelly.

—Estábamos muy bien hasta ahora —dijo uno
de los osos—. ¿Qué lío armarán esta vez?

Nelly se resbaló sobre una roca mojada
y se cayó al río.
¡Splash!
—¡Voy a salvarte! —gritó Sam, tirándose
al agua. ¡Splash!

Entre Sam y Nelly formaron una ola que tumbó a diez osos.

—¿Qué les pasa? —gruñó un oso—.
Esto no es un juego.
—¡Perdón! —gritó Sam.
—Lo sentimos mucho —añadió Nelly—.
Por favor déjennos pescar con ustedes.

—Está bien, está bien. Pueden pescar con nosotros —dijeron los otros—. Pero, por una vez, compórtense.

—No se olviden de que les traemos buena suerte
—les recordó Nelly—. Los peces más grandes
comienzan a venir sólo cuando nosotros llegamos.

Mientras Nelly hablaba, pasaron nadando los peces para el almuerzo. Los osos no habían visto nunca tantos peces juntos. No se oía más que el ruido de las aletas en el agua.

—¡Rápido! ¡Atrápenlos antes de que se vayan! —gritó Sam.
Los hambrientos osos chapotearon detrás de los peces. El río
era un gran revoltijo de zarpas y aletas.

Los valientes peces nadaron
hacia un lago profundo.

Y finalmente, la mayor parte de los peces quedó a salvo. Los osos ya no tenían hambre. Sam y Nelly volvieron a su cueva.

—Nos despertamos tarde —dijo Sam.

—Hacemos lío —añadió Nelly—, pero siempre nos divertimos.

Ahora, lo único que les hacía
falta era dormir una larga siesta.

## Piénsalo

1. ¿Te gustan Sam y Nelly? Explica
por qué.

2. ¿Qué piensan los demás osos acerca
de Nelly y Sam? ¿Cómo lo sabes?

3. ¿Qué hicieron los autores para que
este cuento fuera divertido?

Conozcamos a los autores e ilustradores

# Ariane Dewey
# Jose Aruego

A Jose Aruego y Ariane Dewey les gusta trabajar juntos. A Jose le gusta dibujar animales graciosos y a Ariane le gusta colorearlos.

Primero, Jose dibuja los ojos. Los ojos expresan si el animal está contento, triste, enojado, de mal humor o si tiene miedo.

Después, Jose dibuja las orejas, la nariz y el resto del cuerpo. Cuando el dibujo está terminado, Ariane los pinta con sus brillantes colores.

A Ariane y a Jose les gustaría que los ositos de *!Splash!* te hagan sonreír.

Visita *The Learning Site*
www.harcourtschool.com/reading/spanish

**TALLER DE ACTIVIDADES**

# Librito de ciencias

**¿Qué comen los animales? Haz un libro que muestre qué comen los animales.**

Escoge un animal. Averigua de qué se alimenta.

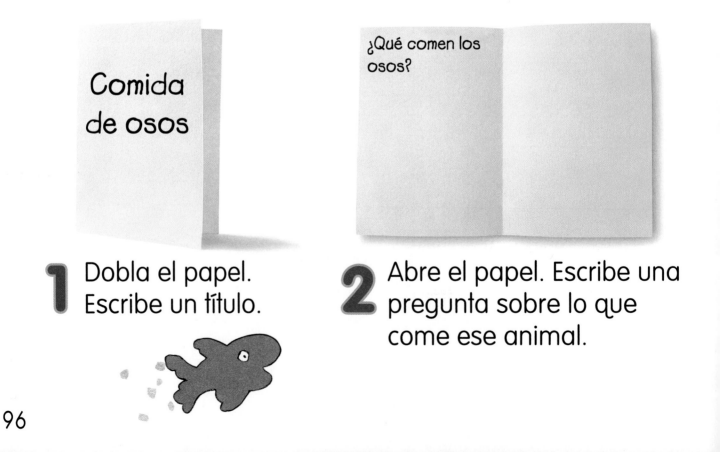

Comida de osos

¿Qué comen los osos?

**1** Dobla el papel. Escribe un título.

**2** Abre el papel. Escribe una pregunta sobre lo que come ese animal.

96

**3** Dibuja la silueta del animal.

**4** Dibuja la comida en el estómago del animal. Coloréala.

Los osos comen peces.

**5** Recorta un papel para cubrir la comida. Pégalo con cinta en el estómago del animal.

**6** En la parte de atrás escribe lo que come el animal.

**Pon tu libro en la biblioteca del salón.**

# NORA la REVOLTOSA

## Rosemary Wells

**Autora premiada**

Traducido por Osvaldo Blanco

Tomás cenó temprano.

Papá jugó con Rosa.

Tomás tenía que eructar,
así que Nora tuvo que esperar.

Primero cerró de golpe la ventana.

Después tiró en el piso de la
cocina las canicas de su hermana.

—¡Basta de ruido! —dijo su papá.
—¡Silencio! —dijo su mamá.

—¡Nora! —dijo su hermana—.
¿Por qué eres tan revoltosa?

Papá se puso a leerle a Rosa.

A Tomás le tenían que cantar,
así que Nora tuvo que esperar.

—¡Me voy! —gritó Nora—. ¡Y no volveré jamás!

Y la casa quedó en silencio, salvo un tra-la-lá de Tomás.
Papá dejó de leer. Mamá dejó de cantar.

—¡Cielos! —dijo su hermana—.
Algo malo pasa en nuestro hogar.

Nora no estaba en el sótano. Nora no estaba en la
bañera. Tampoco estaba en el buzón
ni escondida en las plantas allá afuera.

—¡Aquí me tienen de vuelta! —gritó Nora

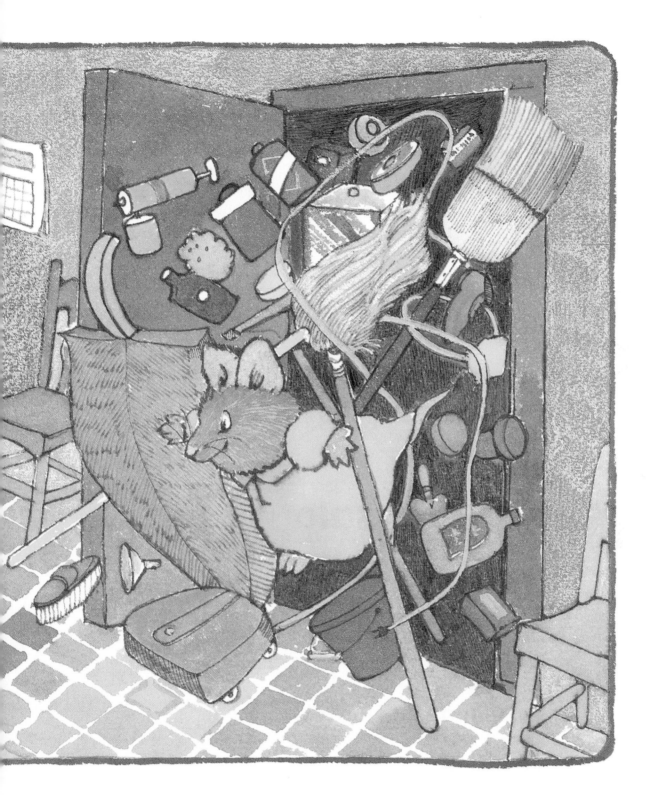

con un descomunal bullicio.

# Piénsalo

**1** ¿Qué hace Nora para llamar la atención de sus padres?

**2** ¿Cómo se llaman los hermanos de Nora?

**3** ¿Cómo crees que se siente Nora en el cuento?

# Rosemary Wells

"Soy una combinación de ilustradora y escritora" dice Rosemary Wells. "Pienso que el cuento es más importante que la ilustración. A los niños les puede gustar mucho una ilustración pero en definitiva son las palabras lo que siempre recuerdan". Uno de los temas favoritos de Rosemary Wells es el de la relación entre hermanos.

# EL RATÓN ILUSTRADO

Ratón común

Existen casi 400 clases de ratones en el mundo. En este artículo te invitamos a conocer más de cerca a algunos de ellos: el ratón espiguero, el ratón común y el ratón de campo.

Ratón de campo

Ratón espiguero

116

# Ratón espiguero

Uno de los ratones más pequeños es el ratón espiguero. ¡Su cuerpo mide entre dos y tres pulgadas! Estos ratones construyen sus nidos con hojas de hierba y tallos a dos o tres pies del suelo.

El ratón común vive casi en todo el mundo. Su alimento preferido es granos de cereales pero también come otras cosas. Puede llegar a tener entre seis y once crías a la vez.

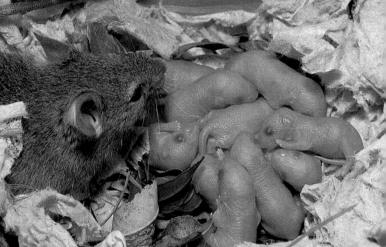

# Ratón común

# Ratón de campo

El ratón de campo es un animal nocturno. Vive en nidos debajo de las raíces de los árboles y se alimenta principalmente de semillas, insectos y bayas.

# Poemas sobre Sentimientos

Escribe un poema sobre tus sentimientos o los sentimientos de Nora.

Elige un sentimiento: feliz, triste, enojado, con miedo.

Si quieres, puedes escribir sobre:

- uno o varios sentimientos
- un día especial
- una persona especial
- algo que te haya divertido mucho
- algo que te haya dado mucho miedo o te haya sorprendido

**Escribe el poema.**

Luego copia el poema en una hoja de papel grande.
Dibuja una ilustración para tu poema.

Feliz

Las galletas que hornea
mi mamá,
las caricias de
abuela en la nariz,
mi perro que corre y salta
Son algunas de las cosas
que me hacen feliz.

**Cuando termines muestra tu poema a la clase.**

# El
# sapo
# distraído

Javier Rondón

**El Sapo Distraído**
Javier Rondón
Diseño e Ilustración Marcela Cabrera

ilustrado por Marcela Cabrera

Era un sapo
verde, morado,
anaranjado,
tornasolado.

Una mañana
muy tempranito,
hizo la lista
para el mercado.

La mantequilla
de las tortillas,
la mermelada
de las tostadas.

Puso un clavel
en su gorrita
y en su patica
un cascabel.

Se fue brincando
y en las esquinas
cada vitrina
iba mirando.

¡Qué hermosas frutas
y qué colores!
¡Cuántos olores
hay por aquí!

¡Qué gente ésta
tan peripuesta!
¡Y qué alboroto
por los corotos!

—¡Vendo tomate!
—grita el marchante.
—Tome, doñita,
lleve parchita.

El sapo andaba
muy distraído:
¡Todo ese ruido
lo ha confundido!

Al fin el sapo
llegó a su casa.
De leche tibia
sirvió una taza.

Iba a tomarla
con mermelada,
cuando recuerda:
¡no compró nada!

# Piénsalo

1. Cuenta qué ve el sapo en el mercado y qué hace allí.

2. ¿Qué comprarías en el mercado del cuento?

3. ¿Qué descubres sobre el sapo al leer el cuento?

# Conozcamos al autor

## Javier Rondón

**Javier Rondón creció en Venezuela, un país en América del Sur. En su casa había muchos materiales de dibujo y pintura, y sus dos hermanas eran muy creativas. Javier dice que es tan distraído como el sapo del cuento y que a menudo pierde las llaves y los lápices.**

# Conozcamos a la ilustradora
# Marcela Cabrera

Marcela Cabrera nació en
Colombia, un país en
América del Sur. Estudió
dibujo en Venezuela y
ahora vive allí. *El sapo
distraído* es su primer libro
ilustrado para niños.

 **Visita** *The Learning Site*
www.harcourtschool.com/reading/spanish

139

# La Pulga de San José

**arreglo de José-Luis Orozco**
**ilustrado por Elisa Kleven**

En la Pulga de San José
yo compré una guitarra,
tarra, tarra, tarra, la guitarra.

CORO
Vaya usted, vaya usted,
a la Pulga de San José.
Vaya usted, vaya usted,
a la Pulga de San José.

En la Pulga de San José
yo compré un clarinete,
nete, nete, nete, el clarinete,
tarra, tarra, tarra, la guitarra.


Vaya usted . . .


En la Pulga de San José
yo compré un violín,
lin, lin, lin, el violín,
nete, nete, nete, el clarinete,
tarra, tarra, tarra, la guitarra.


Vaya usted . . .

Lectura en voz alta

# Al mercado

¡Representen un mercado bullicioso con toda la clase!

Decide quién hará el papel
• del sapo,
• de los otros compradores
• y los vendedores del mercado.

Piensa en lo que hará y dirá
tu personaje en el mercado.

Transforma la clase en un mercado.

Si quieres puedes representar el cuento del sapo para tus familiares y amigos.

# Sopa de zarzas

**Ilustradora premiada**

Susan Stevens Crummel
ilustrado por Janet Stevens

Liebre abrió los ojos. Se estiró y miró el hermoso cielo azul.

La panza le gruñó, y Liebre pensó:
    "El cielo está azul y el sol ha empezado a brillar.
    Sopa de zarzas voy a cocinar".
Y se fue dando brincos, saltando sobre arbustos y
cactos.

Enseguida llegó a la entrada. Allí había un cartel que decía: RANCHO DOS CÍRCULOS. Liebre se deslizó bajo la cerca y se acercó a unas vacas.

RANCHO DOS CÍRCULOS

—¡Muuu! —le dijo Vaca—. ¡Vete de aquí!

—¡Buenos días! —la saludó Liebre—. Pensé que te gustaría comer sopa de zarzas.

—Con zarzas no se puede hacer una sopa —le respondió la vaca, y siguió comiendo la hierba seca.

"¡Qué antipática!" pensó Liebre, y continuó por el camino hacia la casa.

—¿Hay alguien en casa? —gritó.

—¡NO! —oyó que alguien chillaba desde adentro—. ¡Vete!

—¿No quieres almorzar? —preguntó Liebre.

Armadillo salió al porche.

—Éste es mi rancho —le dijo—. ¡Toda la comida es mía y no hay nada para ti!

Liebre decidió probar su suerte y dijo:

—Pero si lo que quiero es cocinar para ti. ¿Has probado la sopa de zarzas?

—Con zarzas no se puede hacer una sopa —le respondió Armadillo.

Antes de que Armadillo pudiera protestar, Liebre encendió un fuego. Encontró una vieja olla, la llenó de agua y la puso en el fuego. Después de un rato, metió unas zarzas en la olla.

Armadillo se acercó a mirar. Liebre probó lo que estaba cocinando y dijo:

—Huele bien. Y está delicioso. Pero creo que estaría mejor si le echáramos algo más.

—Es posible que tenga unas zanahorias en casa —dijo Armadillo.

Poco después, zarzas

y zanahorias

hervían en la olla.

Buitre bajó a echar un vistazo.

—¡Desde lo alto del cielo se puede oler esta sopa! Creo que necesita cebollas. Volaré a traer unas.

Poco después, zarzas,

zanahorias

y cebollas
hervían en la olla.

Al rato, Venado se acercó trotando.
—Esta sopa necesita maíz —dijo—.
Vuelvo enseguida.

Poco después, zarzas, zanahorias,

cebollas

y maíz

hervían en la olla.

Zorrillo llegó correteando a mirar en la olla.
—Huele bien. Pero ¿dónde están las papas?
Iré a buscar algunas.

Poco después, zarzas, zanahorias,

cebollas, maíz

y papas
hervían en la olla.

161

Víbora se acercó arrastrándose con un poco de apio.

—Sin apio no se puede hacer una buena sopa —dijo.

Poco después, zarzas,

zanahorias,

cebollas, maíz,
papas y

apio

hervían en la olla.

163

Armadillo, Buitre, Venado, Zorrillo y Víbora se acercaron a la olla y miraron cómo hervía.

Finalmente Liebre anunció:
—Vamos a comer, que la sopa ya está.

Todos comieron y comieron, hasta que no quedó nada.

Armadillo no se podía mover. Buitre no podía
volar. Venado no podía trotar. Zorrillo no podía
corretear. Víbora no podía arrastrarse. Todos
bajaron la cabeza y se quedaron dormidos.
También Liebre durmió, pero por poco tiempo.

Liebre abrió los ojos. Se estiró y miró el hermoso cielo azul.

La panza le gruñó, y Liebre pensó:

"El cielo está azul y el sol ha empezado a brillar. Pastel de nopal voy a cocinar".

# Piénsalo

1 ¿Qué hace Liebre para que los otros animales pongan verduras en la sopa?

2 ¿Te gustaría que Liebre fuera tu amigo?

3 ¿Qué te dicen las ilustraciones sobre los personajes? ¿Qué más te dicen las ilustraciones?

Susan

# Conozcamos a la autora y a la ilustradora

# Susan Stevens Crummel

y

# Janet Stevens

*Sopa de zarzas* transcurre en Texas, donde se criaron Susan Stevens Crummel y su hermana Janet Stevens. Este cuento fue escrito entre las dos hermanas.

Susan quería que los personajes del cuento fueran animales de Texas. Janet los dibujó varias veces hasta que logró la imagen deseada. "Lo mejor de escribir este cuento fue trabajar con mi hermana" dice Janet.

 **Visita** *The Learning Site*
www.harcourtschool.com/reading/spanish

169

# La merienda perfecta

Cada uno de los animales de *Sopa de zarzas* agregó algo a la sopa. Tú también puedes hacer una merienda perfecta. Necesitarás:

pretzels

pasas

palomitas

nueces

bolsas de plástico pequeñas

taza para medir

bolsas de plástico grandes

170

**3** tazas de palomitas

**1** taza de nueces

**2** tazas de pretzels

**2** tazas de pasas

- Mide los ingredientes y colócalos en una bolsa de plástico grande.

- Cierra la bolsa. Túrnate con dos compañeros para sacudir y mezclar bien los ingredientes.

- Reparte el contenido de la bolsa grande en las bolsas pequeñas.

¡Y ahora a comer la merienda perfecta!

La amiga
de Osito

Else Holmelund Minarik
ilustrado por Maurice Sendak

Autor e
ilustrador
premiados

172

# Osito y Emily

Osito se sentó en lo alto
de un gran árbol,
y miró el ancho mundo
que le rodeaba.

Vio las verdes colinas.

Vio el río.

Y muy, muy lejos,

vio el mar azul.

Vio la copa de los árboles.

Vio su casa

y vio a Mamá Osa.

Oyó el silbido del viento

y sintió el viento

sobre su piel, sobre sus ojos,

sobre su negro hocico.

Osito cerró los ojos,

y dejó que el viento lo acariciara.

Abrió los ojos

y vio dos ardillas pequeñas.

—Juega con nosotras —le dijeron.

—No puedo —respondió Osito—.

Tengo que ir a comer a casa.

Empezó a bajar del árbol

y vio cuatro pajaritos.

—¡Mira! —dijeron—.

Podemos volar.

—Yo también puedo —dijo Osito—.

Pero siempre vuelo hacia abajo.

No puedo volar hacia arriba ni de lado.

Bajó un poco más y vio un
gusanito verde.

—¡Hola! —dijo el gusanito—.
Habla conmigo.

—En otro momento —dijo
Osito—. Tengo que ir a comer.

Bajó hasta el suelo

y ahí vio a una niña.

—Creo que estoy perdida
—dijo la niña—.
¿Viste el río desde la copa
del árbol?

—¡Claro que sí! —dijo

Osito—. Vi el río.

¿Vives allí?

—Sí —dijo la niña—. Me

llamo Emily.

Y ésta es mi muñeca Lucy.

—Yo soy Osito y puedo llevarte

hasta el río. ¿Qué tienes en esa canasta?

—Galletas —dijo Emily—. Toma algunas.

—Gracias. Me encantan las galletas.

—A mí también —dijo Emily.


Caminaron juntos mientras comían

las galletas y hablaban, y muy pronto

llegaron al río.

—Ya veo nuestra tienda —dijo Emily—.

Y también veo a mamá y a papá.

Y yo oigo a mi mamá que me llama

—dijo Osito—.

Tengo que ir a casa a comer.

¡Adiós, Emily!

—¡Adiós, Osito!

Vuelve para jugar conmigo.

—¡Volveré! —dijo Osito.

Osito fue a su casa dando saltitos.

Abrazó a Mamá Osa y le dijo:

—¿Sabes lo que hice?

—¿Qué hiciste, Osito?

—Me subí a un árbol alto y vi
el ancho mundo. Bajé y vi dos
ardillas, cuatro pajaritos y un
gusanito verde. Luego bajé del
árbol y ¿qué crees que vi?

—¿Qué viste?

—Vi a una niña llamada Emily.
Estaba perdida y la ayudé a
regresar a su casa.
Y ahora tengo una nueva amiga.
¿Quién crees que es?

—El gusanito verde
—respondió Mamá Osa.

—No —dijo Osito
riéndose—. Es Emily.
Emily y yo somos amigos.

# Piénsalo

1 ¿Qué es lo más importante que hace Osito en este cuento? ¿Qué más hace Osito?

2 ¿Te gustaría tener un amigo como Osito? ¿Por qué?

3 ¿Cómo sabes que Emily y Osito serán amigos?

## Conozcamos a la autora

# Else Holmelund Minarik

Else Holmelund Minarik tenía cuatro años cuando dejó Dinamarca junto a su familia para vivir en Estados Unidos. Cuando creció decidió ser maestra de primer grado. Comenzó a escribir cuentos infantiles porque no podía encontrar libros que le gustaran para leer a su clase.

Else Holmelund Minarik escribió cinco libros con el personaje de Osito. El cuento que has leído es parte de uno de esos libros.

192

# Conozcamos al ilustrador

# Maurice Sendak

Maurice Sendak creció en Brooklyn, en New York. Era el menor de tres hermanos. Él utiliza mucho sus recuerdos de infancia en sus libros e ilustraciones. Maurice Sendak es uno de los ilustradores de libros infantiles más famosos.

 **Visita** *The Learning Site*
**www.harcourtschool.com/reading/spanish**

# Un buen vecino

Osito es un buen vecino. Ayudó a Emily cuando ella estaba perdida y se hicieron amigos.

***

Colabora con un compañero para representar una escena sobre algo que haría un buen vecino.

194

1 Piensen en todas las cosas que puede hacer un buen vecino. Comenten alguna oportunidad en la que un vecino los ayudó. ¿Qué hizo el vecino? ¿Cómo se sintieron ustedes?

2 Decide qué parte vas a representar en tu escena.

3 Escribe la escena.

4 Representa la escena frente a tus compañeros.

# Glosario

## ¿Qué es un glosario?

Un glosario es como un pequeño diccionario. Este glosario está aquí para ayudarte. Puedes buscar una palabra y luego leer una oración donde aparece esa palabra. Algunas palabras tienen ilustraciones para ayudarte.

**abrió**   Laura **abrió** la ventana.

**agua**   Cuando tengo sed tomo mucha **agua**.

**allá**   **Allá** lejos, las montañas están nevadas.

**alto**   El edificio donde trabaja mi hermano es muy **alto.**

**anaranjado**   Mi camisa es de color **anaranjado**.

**ancho**   El río es **ancho**.

**así**   **Así** me gusta a mí.

**aunque**   Mañana jugaremos **aunque** llueva.

**azul**   En mi dibujo el mar es **azul**.

agua

anaranjado

azul

**bajar**   Me gusta **bajar** por el tobogán.

ciudad

**cada**   Comimos dos manzanas **cada** uno.

**ciudad**   El tío Martín vive en la **ciudad**.

**colores**   El arcoiris tiene muchos **colores.**

**compró**   Papá **compró** un carro nuevo.

**cuando**   Los pájaros cantan **cuando** sale el sol.

colores

**de**   El perro **de** Juan es muy grande.

**empezó**   La carrera **empezó** a las diez de la mañana.

**estado**   Texas es un **estado** muy grande.

**Estados Unidos de América**   Nuestro país se llama **Estados Unidos de América**.

**este**   **Este** año estoy en primer grado.

**Estados Unidos de América**

**fuego**   El **fuego** da calor y luz.

**fuego**

199

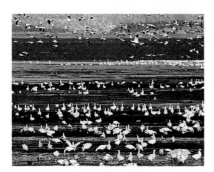
hacia

**hace**   En invierno **hace** frío.

**hacia**   Las aves vuelan **hacia** el mar.

**han**   Los niños **han** terminado de jugar.

**hola**   –**Hola** –dice Juan.

**larga**   Ésta es la calle más **larga** de la ciudad.

**leer**   Me gusta mucho **leer.**

**lejos**   La escuela no está **lejos** de mi casa.

**lugar**   La cocina es el **lugar** favorito del gato.

mundo

**mundo**   Me gustaría dar la vuelta al **mundo** en avión.

**olla**   La **olla** de agua hierve sobre el fuego.

**osos**   Los **osos** juegan en el bosque.

olla

**piso**   El **piso** del salón está alfombrado.

**poco**   Julio aprendió a tocar el piano **poco** a **poco.**

**pues**   Hoy estornudé mucho **pues** estoy resfriado.

osos

**ruido**   La locomotora del tren hace mucho **ruido.**

**sin**   Mi equipo favorito lleva seis semanas **sin** perder.

**sol**   El **sol** es la estrella más cercana a la Tierra.

sol

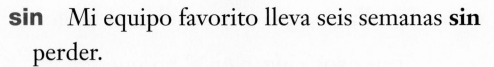

**tampoco**   A mi hermano **tampoco** le gusta ir al campo.

**tarde**   El sábado a la **tarde** tengo práctica de béisbol.

**temprano**   En casa hacemos las compras por la mañana **temprano.**

**tibia**   El agua del lago estaba **tibia.**

**toman**   En la ronda todos se **toman** de la mano.

tuvo

**tuvo**   La perra **tuvo** seis cachorros.

**uno**    **Uno** de mis amigos vive cerca de casa.

**venir**   El domingo van a **venir** mis abuelos.

**verde**   La rana es de color **verde.**

verde

**Acknowledgments**

For permission to translate/reprint copyrighted material, grateful acknowledgment is made to the following sources:

*Crown Publishers, Inc.:* *Me on the Map* by Joan Sweeney, illustrated by Annette Cable. Text copyright © 1996 by Joan Sweeney; illustrations copyright © 1996 by Annette Cable.

*Del Sol Books, Inc.:* "Canción de todos los niños del mundo" by Alma Flor Ada from *El son del sol* by Alma Flor Ada and F. Isabel Campoy. Text copyright © 1998 by Alma Flor Ada and F. Isabel Campoy.

*Dial Books for Young Readers, a division of Penguin Putnam Inc.:* From *Nora la Revoltosa* by Rosemary Wells, translated by Osvaldo Blanco. Original text and illustrations copyright © 1973 by Rosemary Wells; translation copyright © 1997 by Dial Books for Young Readers.

*Dutton Children's Books, a division of Penguin Putnam Inc.:* From "La Pulga de San José"/"The Flea Market of San José" in *Diez Deditos/Ten Little Fingers*, selected, arranged and translated by José-Luis Orozco, illustrated by Elisa Kleven. Lyrics and musical arrangement copyright © 1997 by José-Luis Orozco; illustrations copyright © 1997 by Elisa Kleven.

*Ediciones Ekaré, Caracas, Venezuela:* *The Absent-Minded Toad* by Javier Rondón, illustrated by Marcela Cabrera. © 1988 by Ediciones Ekaré. Originally published in Spanish under the title *El Sapo Distraído*.

*HarperCollins Publishers:* "Little Bear and Emily" from *Little Bear's Friend* by Else Holmelund Minarik, illustrated by Maurice Sendak. Text copyright © 1960 by Else Holmelund Minarik; illustrations copyright © 1960 by Maurice Sendak.

*Monte Avila Editores Latinoamericana C.A.:* "El día y la noche" from *Ratón y vampiro se conocen* by Yolanda Pantin, illustrated by Marcela Cabrera. © 1991 by Monte Avila Editores Latinoamericana C.A.

*Scholastic Inc.:* From *Así vamos a la escuela* by Edith Baer, translated by Aída E. Marcuse, illustrated by Steve Björkman. Text copyright © 1990 by Edith Baer; translation copyright © 1993 by Scholastic Inc.; illustrations copyright © 1990 by Steve Björkman.

**Photo Credits**

Key: (T)=top, (B)=bottom, (C)=center, (L)=left, (R)=right
Michael Campos Photography, 31, 55, 75, 96, 97; BBH exhibits, Inc., 116-119; Michael Campos Photography, 120-121; courtesy Ediciones Ekare, 138-139; Michael Campos Photography, 145, 170, 171; Bradford Bachrach, 192; Allan Tannenbaum/Sygma, 193
All other photos by Harcourt Brace:
Tom Sobolik/Black Star; Walt Chyrnwski/Black Star; Todd Bigelow/Black Star; George Robinson/Black Star; Mark Perlstein/Black Star; Brian Payne/Black Star; Larry Evans/Black Star; Ken Hayden/Black Star; Dale Higgins/Black Star

**Illustration Credits**

Keith Baker, Cover Art; Brenda York, 4-9; Holly Keller, 10-27, 30-31; Ed Young, 28-29; Jane Dill, 29; Tracy Sabin, 31, 54, 96-97; Annette Cable, 32-55; George Kreif, 55, 144-145; Betsy Everitt, 56-75; Jose Aruego and Ariane Dewey, 76-95; Dagmar Fehlau, 98-121; Marcela Cabrera, 122-139, 144-145; Elisa Kleven, 140-143; Janet Stevens, 146-171; Maurice Sendak, 172-195